AF438296

NOTICE

SUR

M. JUST VEILLAT

LUE DANS LA SÉANCE DU 6 JUIN 1866

DE LA

SOCIÉTÉ DU BERRY

Par M. le Docteur **FAUCONNEAU-DUFRESNE**, Secrétaire général.

MESSIEURS,

Vous avez tous appris la perte que notre Société vient de faire par
le décès de M. Just Veillat. Cet événement douloureux, arrivé d'une
manière tout à fait inattendue, a produit la sensation la plus grande
dans toute la ville de Châteauroux, où notre si regrettable collègue
était très-aimé et où il jouissait de la plus grande considération.
Vous jugerez, d'après les détails dans lesquels je vais entrer, quel
vide laisse M. Veillat; car il était doué des talents les plus remarquables, et il occupait toutes les positions qui ne sont dévolues qu'aux
hommes intelligents et dévoués.

M. Just Veillat était né à Châteauroux. Après avoir reçu de son
père, agriculteur distingué, l'éducation la plus libérale, il se livra à
l'étude du droit. Son but, avons-nous entendu dire, avait été, à une
certaine époque, de devenir avocat au conseil d'État et à la cour de
cassation : la rectitude de son jugement et la facilité de sa parole
n'eussent pas manqué de lui assurer, près de cette double juridiction,
une très-honorable place; mais une maladie, qui devait peser sur
tout le reste de son existence, le contraignit à renoncer à l'idée de
suivre cette carrière.

Dès le collége, M. Just Veillat s'était révélé comme dessinateur
habile; pendant son cours de droit, il devint artiste peintre. Son état
de santé contribua à développer chez lui cette vocation : obligé, en

effet, de se soustraire au froid humide de nos climats, il dut passer bien des fois l'hiver en Italie.

Vous devez vous rappeler, Messieurs, que, dans le compte-rendu de 1862-63 des travaux de notre Société, notre jeune collègue, M. Ulrich Richard-Desaix, a fait connaître les œuvres artistiques de M. Just Veillat. Je vous les indiquerai très-sommairement. M. Veillat était élève de Cabat et de Dupré. Il débuta au salon de 1835 et s'attacha principalement à faire des tableaux de genre et des paysages. Ses sujets étaient ordinairement choisis en Berry : c'est ainsi qu'on a de lui les œuvres suivantes : une *Vue de Déols ; —* une *Vue des bords de l'Indre ; — Le grand gué de la Bouzanne,* où se noya Hugues de Craon ; — *Un paysage en Berry ; — Un chemin creux dans une forêt du Berry ; — Une allée d'ormeaux en Berry ; — Pacages du Berry ; — Fermière du Berry ; — Intérieur berrichon.* Beaucoup d'autres sujets de genre ont été traités par notre collègue ; mais ceux que j'ai nommés vous montrent qu'il possédait, au plus haut degré, l'amour de son pays natal.

M. Veillat a laissé de nombreux cartons pleins de croquis et de dessins ; beaucoup ont été pris dans la commune de Tendu, où sa sœur, Mme Mars, avait sa maison de campagne, et où il allait souvent se reposer.

Les appréciateurs constataient dans ses œuvres une main souple, une grande douceur de touche et une recherche étudiée de l'effet général.

M. Veillat était en même temps poëte. Il a laissé de nombreuses pièces de vers, toutes remarquables par la grâce et la finesse des aperçus. — Dans sa jeunesse, on le vit, plusieurs fois, avec des amis, représenter, au théâtre de Châteauroux, dans un but de bienfaisance, des vaudevilles et même une tragédie.

Ces souvenirs sont anciens, et ce n'est pas sous ce rapport que M. Veillat était surtout connu parmi nous. Permettez-moi d'énumérer les écrits littéraires dont l'analyse vous a été présentée dans nos séances, ainsi que les travaux qu'il a bien voulu fournir à nos publications.

C'est à partir de 1850 que M. J. Veillat a commencé la composition de ses romans historiques ; presque chaque année, il en produisait un nouveau. Membre de notre Société dès son origine, il s'empressa de nous envoyer *Denise de Déols,* les *Huguenots d'Issoudun, Aliénor de Gargilesse, Du Guesclin à Sainte-Sévère* et *la Dame de la Motte-Feuilly.*

La pensée qui le porta à crayonner ces ébauches, suivant son expression, était l'avilissement dans lequel étaient tombées les magnifiques ruines de notre département et l'insouciance de leur histoire. Il voulait secouer l'oubli du passé, apprendre à aimer et respecter la mémoire de nos ancêtres, et donner un souvenir à leurs tombes.

Denise de Déols contient l'histoire de la célèbre abbaye de ce nom, qui fut fondée, en 917, par Ebbes-le-Noble. Les descendants d'Ebbes, qui presque tous portèrent le nom de Raoul, continuèrent à l'enrichir. Raoul VI, le dernier de ce nom, mourut en 1176, en allant visiter la Terre-Sainte, ne laissant pour héritière de tous ses biens, qu'une fille, âgée de trois ans, Denise, dont le roi d'Angleterre se hâta de prendre la tutelle pour accroître sa prépondérance sur cette partie du pays. La jeune Denise fut emmenée d'abord à Chinon, puis en Angleterre, et, durant la guerre qui s'éleva entre Henri II et Philippe-Auguste, la principauté Déoloise fut tour à tour occupée par les partis ennemis. Châteauroux et les autres places et châteaux du bas Berry furent, à diverses fois, pris et repris par le roi de France, par celui d'Angleterre, et par *Richard Cœur de Lion*, fils de Henri II. Après la mort de Henri II, Denise ayant atteint sa seizième année, Richard la donna, avec son immense héritage, à l'un de ses plus fidèles chevaliers, *André de Chauvigny*, que sa bravoure avait fait surnommer le *preux des preux*. C'est ainsi que Châteauroux passa dans la maison de Chauvigny. — Ce roman de M. J. Veillat a particulièrement pour sujet le mariage de Denise. Dans sa narration, l'auteur s'est appuyé sur les documents les plus authentiques et les plus variés; le plus curieux fut découvert, en 1610, par des ouvriers qui réparaient un autel en présence de l'abbé Charles de l'Aubépine; il était contenu dans une boîte de cuivre. — C'est avec tous ces renseignements, que M. J. Veillat nous a fait si bien connaître ce qu'était autrefois cette *superbe abbaye* de Déols, dont l'église, composée de trois nefs, n'avait pas moins de 100 mètres de longueur; son *cloître* qui était appuyé sur un des flancs de l'église, où il avait accès par une charmante porte bysantine, encore conservée; le *château,* construit un peu plus loin, en arrière, et qui comprenait dans son enceinte l'église Saint-Étienne, bâtie sur les fondements d'un temple primitif. — Cet ouvrage, comme ceux dont je vais vous dire quelques mots, est écrit avec une grande pureté de style et un goût parfait.

Dans les *Huguenots d'Issoudun,* les scènes se passent au milieu du xvie siècle, à l'époque où les guerres de religion ensanglantaient la France et la séparaient en deux camps ennemis. La ville d'Issoudun se trouvait alors dans une voie de progrès et presque de raffinement, par le séjour qu'y avaient fait les deux princesses Marguerite. François Ier avait donné le duché de Berry en apanage à Marguerite, sa sœur, veuve de Charles d'Alençon, connétable et premier prince du sang. Cette princesse, aussi remarquable par son esprit que par sa beauté, avait contribué à donner, en France, une vive impulsion aux sciences, aux lettres et aux arts. Poëte et auteur elle-même, elle avait porté sa douce influence sur la société issoldunoise, qui, agglomérée dans l'enceinte du château qu'elle avait le privilége exclusif d'habiter, semblait s'animer d'une vie nouvelle. — Cette disposition des esprits ne fit que se développer sous le règne suivant. A l'imitation de son père, Henri II donna aussi le duché de Berry à Marguerite de Valois, sa sœur, nièce et filleule de la première Marguerite, et qui, comme sa marraine, possédait tous les avantages du corps et de l'esprit. — Mais, par malheur, cette seconde princesse avait contribué à introduire à Issoudun l'esprit de réforme. A l'avènement de Charles IX, à l'âge de douze ans, sa mère, Catherine de Médicis, et le chancelier de l'Hôpital, par suite des colloques de Poissy, publièrent l'édit de tolérance qui donna tant de hardiesse aux protestants. On vit alors Dorsanne, le lieutenant général d'Issoudun, qui s'était réfugié à Genève auprès de Calvin, et Spifame, l'évêque apostat de Nevers, venir dans la ville et exciter leurs coreligionnaires ; des prêches s'improvisèrent dans les rues. François Arthuys, procureur du roi, qui, malgré son âge avancé, avait embrassé la réforme, interdit, pour corriger les mœurs, de hanter les cabarets après huit heures, défendit les danses, la musique, les déguisements, tous les plaisirs pour lesquels, sous les règnes précédents, la population avait pris du goût. D'une part, il existait un enthousiasme ardent, des passions désordonnées; d'une autre part, une résistance énergique au nom de la raison et de la foi ; des deux côtés l'intolérance la plus grande. — M. Veillat, dans un cadre on ne peut mieux choisi, décrit tous les désordres qui devaient résulter d'un pareil état de choses. Il nous montre le parti catholique victorieux par l'arrivée du maréchal de Saint-André, et de Charles de Barbançois, comte de Sarzay, à qui le parti protestant a fortement reproché sa rigueur.

Aliénor de Gargilesse est une chronique berrichonne de l'an 1000. La prédiction qui annonçait, pour cette année, la fin des siècles, avait répandu une terreur véritable dans le monde chrétien. Chacun négligeait ses affaires, son travail, son avenir. Une espérance restait dans le repentir; le clergé l'exploitait. De là, ces constructions, à la fin du Xe siècle, d'un si grand nombre d'abbayes, pour sceller le contrat du pardon. A la dernière heure, tout le monde se portait vers les églises. — La narration dans laquelle M. Veillat a introduit les idées de cette époque est pleine d'intérêt ; il faut surtout citer l'attente de la fin du monde, à l'heure de minuit, dans la chapelle de Gargilesse. Sous un autre point de vue, rien n'est plus remarquable que la description de la vallée de la haute Creuse, depuis Argenton jusqu'aux ruines de Crozant. C'est dans le court espace où s'échelonnent Ceaulmont, le Pin, Gargilesse et Châteaubrun, qu'on trouve ces mâles paysages, vierges de la main de l'homme. Les ruines de Crozant, plantées à pic sur un immense promontoire qui domine le confluent de la Creuse et de la Sedelle, peuvent passer pour une des plus belles horreurs de la nature. M. Veillat a indiqué ces lieux d'étude à une foule de peintres, et l'on a vu André, Blin, Cabat, Calmelet, Chouppe, Conin, Donzel, Dupré, Grandsire, Troyon, etc., venir y prendre des croquis. George Sand a voulu se créer dans cette vallée une petite habitation, où elle se plaît à amener des touristes et des artistes.

Dans *Du Guesclin à Sainte-Sévère,* M. Veillat a eu la pensée de rappeler l'apparition, dans nos contrées, d'une des plus grandes figures de l'histoire de France. Sous le règne de Charles V, au plus fort de cette lutte de trois cents ans qui menaça d'engloutir la nationalité française, notre Berry se défendait de son mieux contre les violences et les caresses des Anglais. Le jeune seigneur de Châteauroux, Guy de Chauvigny, deuxième du nom, s'était empressé, à la reprise des hostilités, d'user de sa majorité pour accourir à Paris, offrir ses services au roi et recevoir la chevalerie des mains de Du Guesclin. L'ennemi s'était emparé de Sainte-Sévère, et, pour son compte, Jean d'Évreux y tenait bonne garnison et jetait l'effroi dans les environs. En 1372, le duc de Berry, de concert avec le duc de Bourbon et les seigneurs de sa province, vint planter ses tentes sous les murs de Sainte-Sévère ; le roi, de son côté, envoya son nouveau et glorieux connétable, messire Bertrand Du Guesclin. La forteresse fut prise d'assaut. Le connétable affecta de se montrer magnanime pour les ennemis directs, *les Anglais d'Angleterre,* qui, en combattant la France, faisaient leur métier et leur devoir ; mais il n'en fut pas de même pour les Français renégats, trouvés parmi la garnison. Ses sévérités s'exercèrent sur un monticule isolé, lequel, depuis, a conservé le nom de *Monte-à-Regret.* — Telle est la donnée historique que M. Veillat a entourée de tous les détails de sa narration.

Enfin, *La Dame de la Motte-Feuilly* est un épisode, qui appartient à l'histoire générale de France et qui ne tient à notre pays, que par le dénouement. Charlotte, jeune sœur de Jean d'Albret, roi de Navarre, par suite d'un contrat odieux, avait été mariée à César

Borgia. Abandonnée de son mari et ne pouvant supporter le séjour de la cour, elle se retira dans son manoir de la Motte-Feuilly, près la Châtre. Après y avoir vécu solitaire et se consacrant à l'éducation de sa fille, qui, plus heureuse que sa mère, devait s'allier à deux illustres maisons de France, en épousant d'abord Louis de la Trémouille, et, plus tard, Philippe de Bourbon-Busset, elle mourut en 1514. Son corps, suivant son désir, fut transporté au couvent de l'Annonciade, à Bourges, près de celui de Jeanne de France, son ancienne maîtresse ; mais sa fille, voulant perpétuer le souvenir de ses vertus, là où elles avaient fleuri, garda son cœur et le fit déposer dans un riche mausolée, élevé dans l'église de la Motte-Feuilly, et qui fut brisé en 1793. Nos savants collègues, MM. de la Tramblais et de la Villegille, ont donné sur ce mausolée de très-intéressants détails. — M. Veillat raconte, d'une manière touchante, la vie de cette sainte femme, ainsi que celle de Jeanne de France.

En 1855, M. Veillat nous avait adressé un travail historique très-important, ayant pour titre : *Une Cause célèbre du département de l'Indre ; dépouillement des pièces relatives à la Vendée de Palluau.* Au commencement de l'année 1796, un mouvement insurrectionnel, se rattachant à un plan général conçu par le prince de Condé, se manifesta autour de la petite ville de Palluau. Des nobles étaient rentrés dans leurs terres pour le préparer ; leur chef était un prétendu *général Fauconnet,* amené par eux. Après une marche sur Écueillé, la bande royaliste revint à Palluau, et, au nombre de six cents hommes environ, se dirigea sur Buzançais. Mais, au passage d'un petit pont, elle fut surprise par le feu d'un peloton d'infanterie embusqué dans les vignes, chargée par des gendarmes, et mise rapidement dans une complète déroute. Un certain nombre de chefs furent arrêtés et jugés à Châteauroux. Ce sont les pièces de ce procès, recueillies dans les archives du greffe et de la préfecture, dont M. Veillat donne une analyse. — L'année suivante, il publia son roman de *la Vendée de Palluau,* sorte de drame, dans lequel il mit en scène, avec une grande habileté, tous les personnages qui avaient figuré dans les pièces nombreuses du procès.

Au sujet des documents publiés par M. Veillat, une discussion s'éleva entre lui et M. le vicomte Ferdinand de Maussabré. M. de Maussabré, qui a étudié profondément tous les personnages appartenant au Berry ou y ayant joué un rôle, prouva que ce prétendu général Fauconnet, qui avait été jugé à Châteauroux sous le nom d'Adrien Du Pain, avait trompé la justice, et qu'il n'avait été ni clerc tonsuré ni capitaine de chouans ; mais qu'il se nommait Du Prat, qu'il était gentilhomme d'Auvergne, officier d'artillerie, et ancien camarade de Bonaparte à l'école de Brienne.

Je vous demande pardon, Messieurs, de ces détails, beaucoup trop longs peut-être, mais qui m'ont paru nécessaires pour montrer sur quelles bases historiques, sur quelles recherches attentives et laborieuses, notre collègue appuyait ses récits. Il n'a manqué assurément à ces romans que d'être édités sur un théâtre plus grand que celui de Châteauroux pour acquérir une véritable célébrité.

Dans ces dernières années, les études de M. Veillat avaient pris une autre direction. Il a publié un volume sur les *Pieuses légendes des saints du Berry*. Déjà, en 1862, nous avions eu la faveur d'en insérer un spécimen dans notre compte-rendu, et vous n'avez pas oublié que notre aimable et spirituel collègue, M. le vicomte Arthur de Grandeffe, vous a présenté, dans la séance de février 1864, un rapport très-bien fait sur l'ensemble de cet ouvrage ; rapport dans lequel il reconnaissait « une lecture facile et attrayante, grâce à un style dont la netteté et la simplicité sont parfois ornées d'images qui donnent au récit la forme si séduisante du roman. » Il se félicitait qu'un enfant du Berry ait si bien montré le chemin à suivre aux écrivains qui voudraient prendre le même sujet d'études, et, avant de citer les passages qui devaient réveiller en nous les souvenirs de notre enfance et nous rappeler ces longues veillées d'hiver si utilement employées à de pieuses lectures, ces bonnes soirées de famille qui deviennent si rares de nos jours, il rassurait l'auteur des *Légendes* sur le sort de son livre, combattait les doutes de son inquiète modestie, et le remerciait d'avoir ajouté un ornement nouveau au monument littéraire de notre pays.

Vous n'avez pas oublié, non plus, qu'en 1864 M. Veillat nous avait envoyé une chronique sur les *belles amours* de ce jeune messire Loys de la Trémouille, qui fut élevé au château de Bomiers, en Berry, et qui mérita le nom du *chevalier sans reproche*. Cette charmante chronique, lue dans la séance de juillet devant un petit nombre d'auditeurs, a été peu de temps après insérée dans notre compte-rendu.

Un véritable intérêt s'était attaché surtout à la notice que nous avons publiée, en 1856, sur la bibliothèque et le testament de M. Bourdillon. Je redirai, pour les personnes étrangères à nos premiers travaux, qu'un M. Bourdillon, né à Genève et décédé dans cette ville, appartenant à une famille protestante originaire de Châteauroux, qui a quitté le Berry il y a trois siècles, à l'époque des guerres de religion, pour n'y plus reparaître; que ce M. Bourdillon a institué pour sa légataire universelle la ville de Châteauroux, le *berceau de sa famille,* et lui a laissé sa bibliothèque, des bijoux, des meubles et des rentes. — C'est à ce propos que le charmant article de M. Veillat a été composé pour nos publications. — A ses œuvres littéraires, nous devons ajouter une notice sur M. le comte de Bryas, député de l'Indre, qui a été écrite en 1859.

Enfin, on a trouvé, dans les papiers de M. J. Veillat deux nouvelles chroniques, tirées de l'histoire du Berry et qu'il destinait à notre société. La première est intitulée : *Le roi de Bourges ou le sire de Giac, 1426 ;* et la seconde : *Histoire de M. de la Pivardière ou le mort vivant, 1697-1698.*

Si je me suis appesanti sur les titres littéraires de M. Veillat, c'est qu'il a été principalement connu de notre société par ce genre d'études. Vous voyez quelle activité d'esprit notre si distingué collègue déployait dans son cabinet. Cependant, malgré la fragilité de sa santé, on l'a vu presque continuellement mêlé aux affaires du dehors, et c'est là une autre face de sa vie qui mérite de vous être présentée. — Reportons-nous à l'année 1848, à cette époque où toutes les passions démocratiques étaient en effervescence : M. Veillat avait 35 ans. Les troubles de 1847, signalés par les tristes événements de Buzançais et précurseurs de la révolution de Février, le rappelèrent à Châteauroux, quand d'autres auraient pensé à le quitter. Avec Prothade Martinet, mort, lui aussi, plein de talent et d'avenir, et quelques autres bons citoyens, il fonda et rédigea *le Représentant de l'Indre,* dont la polémique courageuse et infatigable contribua puissamment à rallier les membres dispersés du parti de l'ordre, et à préparer dans le département l'avénement de de l'Empire. — Peu de temps après, en 1852, les électeurs reconnurent ses services en lui confiant le mandat de conseiller général pour le canton du chef-lieu.

M. Veillat ne tarda pas à être nommé vice-président du conseil général; et, successivement, on le vit devenir membre du conseil municipal, du conseil départemental de l'instruction publique, des commissions du musée, du lycée et de l'école normale, administrateur de l'hospice. Parmi les récompenses que son mérite lui avait values, il faut mentionner celle d'officier de l'instruction publique ; ce titre lui avait été conféré pour les services qu'il avait rendus, tant dans le conseil académique que comme suppléant du recteur. — Pas une affaire intéressant la ville ou le département ne lui resta étrangère. Les nombreuses places qu'il occupait n'étaient pas pour lui des sinécures; dans

toutes il apportait un zèle, une assiduité et un dévouement complets ;
et pourtant, au milieu de cette activité comme fébrile, il souffrait évi-
demment. Il arrivait aux réunions renfermé dans sa voiture, enveloppé
de tout point, et pendant les séances, il avait besoin à chaque instant
de respirer l'air extérieur. Nous en avons été témoins ici, à la seule
séance où nous ayons eu le bonheur de le voir. — Tant de mérites
et de services ne pouvaient rester sans une récompense distinguée et
ostensible : aux applaudissements de tous ses concitoyens, M. Veillat
fut nommé chevalier de l'ordre impérial de la Légion-d'honneur.

Dans les dernières années de sa vie, M. Veillat s'était, pour ainsi
dire, consacré à la fondation du musée de Châteauroux. Secondé ac-
tivement par son neveu, M. Marcel Mars, il y passait la plus grande
partie de ses journées, classant, étiquetant, disposant tous les objets
qui lui étaient envoyés, et qui étaient devenus très-nombreux, grâce
à ses appels réitérés aux amis des arts, et grâce aussi à ses dons per-
sonnels. Une première salle est déjà garnie et une seconde est en
train d'être formée. — Une société dite du Musée, composée de près
de quatre-vingts membres, s'est fondée par ses soins et son influence ;
elle se réunit tous les mois, délibère sur des objets d'art, d'archéo-
logie, d'histoire locale, etc., et se tient à la disposition de l'autorité
pour répondre aux questions qui pourraient lui être posées. — J'ajou-
terai, enfin, qu'au milieu de tous ces travaux, M. Veillat avait eu,
pendant quelques années, une sorte de passion pour l'histoire natu-
relle.

Si la santé ne lui avait pas fait défaut, M. Just Veillat, doué de qualités et de talents de toutes sortes, recherché et considéré, aurait pu
se croire heureux. Il s'était honorablement marié, à Mantes, avec une
nièce de M. Decrusy, que tout le monde a connu comme chef de la
division des grâces, au ministère de la justice. Madame Veillat, très-
sympathique aux goûts de son mari, le secondait dans ses recherches
et lui servait, en quelque sorte, de secrétaire. Leur fille unique venait
d'épouser le docteur Jouslin, dont les qualités excellentes et aimables
apportaient une nouvelle joie dans cet intérieur. Ils habitaient, en
dehors de la ville, une charmante maison entourée de jardins et
d'ombrages. De son cabinet, M. Veillat avait la vue splendide de la
riante vallée de l'Indre et des restes imposants de cette magnifique
abbaye de Déols qu'il avait tant étudiée et célébrée... Mais, hélas ! le
cruel destin se joue du bonheur et des espérances des hommes ! Suivant leur habitude, M. et Mme Veillat étaient venus à Paris, au prin-
temps, pour jouir des expositions des beaux arts, et de là ils s'étaient
rendus à Mantes, dans leur famille. M. Veillat y fut pris de fièvre,

de douleurs de poitrine et d'oppression ; il se levait cependant, mais le dimanche, 13 du mois dernier, il se sentit bien plus malade et voulut reprendre son lit. Il n'y était pas encore qu'il fut pris de vomissements et rendit, bientôt après, le dernier soupir. M. J. Veillat n'était âgé que de cinquante-trois ans.

Cette nouvelle, répandue de suite à Châteauroux, où l'on avait télégraphié pour appeler sa famille, causa, comme je l'ai dit en commençant, dans tous les rangs de la population, la plus vive et la plus douloureuse émotion. Sa dépouille mortelle y fut ramenée et ses obsèques eurent lieu dès le jour même. Bien avant l'heure fixée pour la cérémonie, un immense concours de toutes les classes envahissait l'église Saint-André. On comprenait, à l'empressement de toute cette foule, au pieux recueillement dans lequel elle était plongée, qu'il ne s'agissait pas d'un deuil ordinaire, mais d'un deuil public, et que chacun avait tenu à rendre les derniers devoirs et à donner l'adieu suprême à l'homme de cœur et de bien, au publiciste courageux, à l'artiste et au romancier distingué, au citoyen intelligent et dévoué au département et à la cité qui lui avaient confié leurs intérêts. Pendant l'office divin, célébré avec toute la pompe que l'Eglise catholique met à ses solennités, tous les regards se tournaient vers la famille du défunt, et une vive et sympathique émotion parcourait l'assemblée, surtout à l'aspect de son vénérable père, moins accablé sous le poids des ans que sous celui de sa douleur.

Après l'absoute, faite par M. le curé Molat, le triste cortége s'est mis en marche vers le champ de repos. Le clergé des trois paroisses, auquel s'était joint M. le curé de Déols, marchait en tête. Les cordons du poêle étaient tenus par M. de Laire, préfet de l'Indre ; par M. Raoul Charlemagne, député, venu tout exprès de Paris pour rendre les derniers devoirs à son collègue du conseil municipal et surtout à un de ses amis les plus chers; par M. Rue, maire de Châteauroux, et par M. Martin, conseiller du canton de Reuilly, au nom du conseil général. MM. Moulineau et Vilvaut, adjoints, le conseil municipal tout entier, l'inspecteur de l'Académie, le président du tribunal civil, au nom du conseil académique, des délégués de la Commission des hospices, plusieurs conseillers généraux avaient pris leur place officielle dans ce cortége, composé de presque tous les habitants de la ville et de nombreux amis venus des divers points du département. La presse départementale, dans laquelle M. J. Veillat avait combattu à une époque de tourmente, était représentée par le propriétaire, le gérant et le rédacteur en chef du *Moniteur de l'Indre*. Le piquet militaire, auquel avait droit M. J. Veillat, comme chevalier de la

Légion d'honneur, avait été fourni par le bataillon du 19e de ligne et était commandé par un officier.

Les dernières prières terminées, et avant que le corps fût rendu à la terre, M. Charlemagne s'est avancé au bord de la fosse, et la voix pleine de larmes, a prononcé un discours touchant. Après lui, M. le préfet de l'Indre, qui était avec M. Veillat dans les relations les plus intimes et qui pouvait à peine dominer son émotion, a pris aussi la parole. Ces deux discours, dans lesquels j'ai puisé, presqu'autant que dans mes souvenirs et dans les articles du *Moniteur de l'Indre,* tout ce que j'ai fait entrer dans cette notice, ont été écoutés avec la plus religieuse attention; la foule s'est ensuite retirée profondément émue.

Je terminerai, Messieurs, par une courte esquisse sur la personne et le caractère de l'éminent collègue dont nous déplorons tous la perte. M. J. Veillat, d'une stature grêle et délicate, se présentait toujours avec une physionomie bienveillante, affable, attrayante et gracieuse. Malgré son apparence fréquente de souffrance, jamais il n'avait l'aspect triste et chagrin. Son intelligence semblait prendre de nouvelles forces lorsque son corps en perdait. La vie chez lui était essentiellement intellectuelle. Il obligeait du meilleur cœur; rendre service semblait pour lui la plus grande des jouissances. On se sentait attiré par cet esprit fin et sympathique. On ne pouvait le connaître sans l'aimer. Chaque jour, on trouvait en lui de nouveaux trésors de bonté, de droiture et de dévouement. Aussi l'affection de tous lui avait-elle été constamment acquise. On ne pouvait pas dire, cependant, ainsi que l'a fait remarquer M. le préfet de Laire, que M. Veillat fût ce qu'on appelle un homme populaire : la tournure si délicate de son esprit, sa faible constitution ne pouvaient lui permettre d'exercer sur les masses une influence énergique. Mais, par contre, il était universellement apprécié par les hommes d'intelligence et de cœur avec lesquels il se trouvait en contact. Nous dirons aussi, avec M. Raoul Charlemagne, que les phases variées de son existence ont révélé en lui les aptitudes les plus diverses, et, en même temps, l'alliance constante des qualités du cœur et de l'esprit. Ardent, parce qu'il était pénétrant et convaincu, on le trouvait constamment équitable et courtois, et laissant à son adversaire une haute idée de sa loyauté. Dans les divers conseils où il a été appelé, on le voyait souvent intervenir dans les discussions les plus confuses et concilier avec autorité les opinions que la vivacité de la lutte avaient égarées. Il traitait tous les sujets avec talent et distinction. On ne peut guère aborder les fonctions publiques et surtout la politique, sans soulever contre soi des inimitiés : M. J. Veillat n'en a sans doute pas toujours été complétement indemne; mais, tous ceux qui l'ont connu constateront qu'il en modérait l'amertume par l'aménité de sa discussion. Quoique sa nature fût impressionnable et artistique et que son imagination ne pût demeurer inactive, M. Veillat avait un esprit sérieux et réfléchi. Amoureux du bien en toutes choses, il avait le rare privilége d'imprimer à son intelligence les directions les plus opposées. Sa nature aimante et sincère lui avait créé un grand nombre d'amis parmi ses compatriotes et parmi les autorités appelées à régir notre département. M. le préfet de Laire déclarait sur sa tombe, avec l'expression de la plus profonde douleur, qu'il ne perdait pas seulement un collaborateur dévoué, éclairé et bienveillant, mais encore un ami dans l'acception la plus large de ce mot.

Enfin, Messieurs, je me fais un devoir de vous transmettre, ici, ce que notre vénérable vice-président, M. de la Tramblais, si bon appréciateur en pareille matière, me disait aujourd'hui même : c'est que M. Just Veillat était l'un de ces hommes qui n'apparaissent que de siècle en siècle dans une localité.

Toutes les qualités de M. J. Veillat feront garder de lui le souvenir le plus durable et le plus sympathique ; et ce souvenir sera constamment rajeuni par la contemplation de ses œuvres d'art et par la lecture de ses ouvrages.

IMPRIMERIE CENTRALE DES CHEMINS DE FER. — A. CHAIX ET Cᵉ, RUE BERGÈRE, 20, A PARIS. — 5310.